DÉLICES AU CHOCOLAT

Les Pâtisseries

KÖNEMANN

Les moules à gâteaux

Il existe toute une gamme de formes et de grandeurs de moules à gâteaux. Si vous cuisinez beaucoup, il est toujours bon d'avoir une grande variété de moules. Si vous ne deviez choisir qu'un moule, le meilleur achat serait sûrement un moule rond à fond amovible, pour son aspect pratique.

Une recette requiert un moule que vous n'avez pas ? Pas de problème. Mesurez d'abord le volume en millilitres de la pâte à gâteau. Versez la même quantité d'eau dans le moule que vous envisagez. Si l'eau ne dépasse pas les deux tiers du moule, vous pouvez l'utiliser. Règle générale : un moule à gâteau ne doit être rempli qu'à moitié.

1 *Moule rond de 28 cm.* **2** *Moule à flan de 23 cm.* **3** *Moule rond et profond de 20 cm.* **4** *Moule à savarin de 20 cm.* **5** *Moule de 25 x 15 x 5,5 cm.* **6** *Moule de 21 x 14 x 7 cm.* **7** *Moule de 26 x 8 x 4,5 cm.* **8** *Plaque de 30 x 20 cm.* **9** *Plaque de 20 x 25 x 2 cm.* **10** *Moule à muffins.* **11** *Moule à petits gâteaux.* **12** *Moule rond de 20 cm.* **13** *Moule à fond amovible de 20 cm.* **14** *Moule à savarin de 20 cm, à fond cannelé.* **15** *Moule carré de 19 cm.*

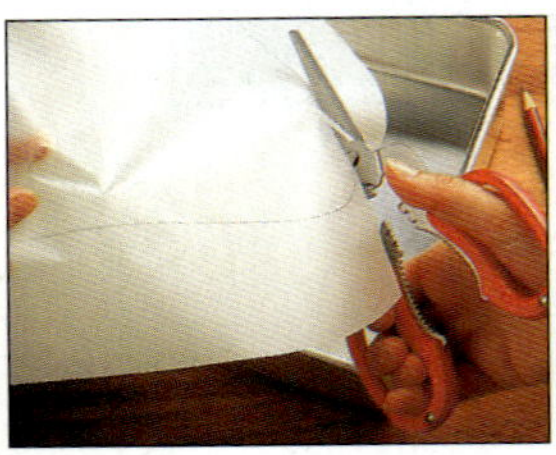

Couper un morceau de papier sulfurisé aussi large aue le fond du moule carré.

Beurrer le fond et les côtés du moule avec un petit pinceau.

Déposer le papier sulfurisé et beurrer.

Moules gratinées au Comté

Moules gratinées au Comté

Pour 4 personnes

24 grosses moules nettoyées.
150 g de COMTÉ râpé fin.
1/2 verre de persil haché.
1 échalote.
1 gousse d'ail.
2 tranches de pain.

Faites cuire les moules à feu vif.
Laissez refroidir et enlevez une moitié de coquille.
Rangez sur un plat à four et poivrez légèrement.
Passez le liquide de la cuisson des moules et réservez-le.
Faites la chapelure avec le pain grillé.
Passez au mixer l'ail, l'échalote, et ajoutez le persil haché.
Saupoudrez généreusement les moules de COMTÉ, ajoutez la chapelure.
Versez une cuillère de jus des moules sur les moules et faites-les gratiner quelques instants au gril.

Photo : Lou MANNA / C. FOX - Imp. Billot, Lons-le-Saunier

Comité Interprofessionnel du Comté à POLIGNY (Jura)

COMTÉ

ur du papier sulfurisé,
racer le tour
lu moule rond.

Découper 2 longues bandes de la largeur du moule.

Beurrer le moule. Tapisser de papier sulfurisé et beurrer le papier.

La décoration des gâteaux

Les décorations en chocolat sont irrésistibles. Garni de quelques feuilles en chocolat, de copeaux ou de fruits trempés dans le chocolat, on pensera que votre gâteau sort d'une pâtisserie !

Chocolat fondu

Le chocolat peut fondre en quelques secondes au four à micro-ondes, il faut le surveiller constamment pour l'empêcher de cuire. Mais la méthode la plus courante est le bain-marie. Déposez le chocolat coupé dans un petit récipient et une casserole d'eau frémissante, mais non bouillante. Attention, trop de chaleur ou la moindre goutte d'eau suffira à faire durcir le chocolat.

Copeaux

250 g de chocolat

1 Faire fondre le chocolat au bain-marie comme indiqué précédemment.
2 Verser le chocolat sur une plaque de marbre ou une surface de travail propre et refroidie. Étaler le chocolat doucement avec une spatule. Si le chocolat est trop épais, il ne s'enroulera pas sur lui-même.
3 Laisser le chocolat durcir puis, à l'aide d'un couteau large ou d'une spatule métallique, pousser doucement en pressant la lame fermement contre le marbre.
4 La pression faite sur la lame détermine l'épaisseur du copeau.
5 Si le chocolat est trop chaud, il colle à la spatule. Le laisser refroidir.

Pour varier les copeaux, exercer une pression différente.

Fruits trempés dans le chocolat

Mmmm... des fraises, des cerises ou des framboises trempées dans le chocolat donneront une touche de raffinement à la décoration des gâteaux. Les déposer délicatement sur un papier sulfurisé et réfrigérer jusqu'au moment de servir.

Feuilles en chocolat

Laver à l'eau et essuyer des feuilles rigides et non toxiques comme celles de la rose, de l'érable et du houx.
Garder la tige, il sera plus facile de la tenir.
Avec un petit pinceau, étendre le chocolat fondu sur le côté brillant de la feuille.
Déposer sur un papier sulfurisé et laisser prendre au réfrigérateur, puis décoller du bout des doigts la pellicule de chocolat.

Tremper des fraises et des pétales de fleurs, puis laisser prendre au réfrigérateur.

Peindre le chocolat fondu sur les feuilles. Laisser prendre, puis les décoller.

Bordures en chocolat

Pour couvrir les côtés d'un gâteau de chocolat, étendre une bonne couche de chocolat fondu sur une longue bande de film transparent ayant la même largeur et la même circonférence que le gâteau. Recouvrir d'un autre film. Mouler la bordure de chocolat sur un moule à gâteau légèrement plus grand que celui utilisé. Réfrigérer. Lorsque le chocolat est complètement pris, retirer les pellicules plastiques. Placer la bordure de chocolat autour du gâteau.

Glaçage à effet marbré

Napper le gâteau de glaçage blanc. Laisser prendre, puis dessiner une spirale de chocolat fondu à l'aide d'une poche ou d'un cornet de papier sulfurisé. Tracer 8 lignes en allant du bord vers le centre, comme pour couper le gâteau en 8 parts égales. Diviser chaque part en deux, en allant du centre vers le bord, pour produire un effet marbré.

Décorer

Grâce à une poche ou une seringue à décorer, ou à un cornet formé avec un carré de papier sulfurisé, on peut utiliser le chocolat fondu pour dessiner et pour écrire des textes sur le dessus des gâteaux. S'entraîner sur un papier sulfurisé. Laisser durcir les dessins et les déposer sur le gâteau avec une spatule. Les doigts habiles pourront travailler directement sur le gâteau.

Dessiner les motifs avec une poche à décorer.

Pour les côtés, utiliser du film alimentaire étirable.

Donner un effet marbré avec une brochette.

Des gâteaux pour toute la famille

Favoris des petits, toujours gagnants chez les grands, les gâteaux au chocolat font craquer toute la famille. Qu'ils soient au chocolat blanc ou noir, au lait, marbrés, glacés ou roulés, ces gâteaux feront la joie de tous. On pourra savourer le roulé suisse moka et le gâteau au chocolat blanc. Décoré de quelques copeaux de chocolat et d'un glaçage crémeux, un simple gâteau au chocolat se transforme en une véritable fête.

Gâteau chocolat de tous les jours

Préparation :
20 minutes
Temps de cuisson :
35 minutes
Pour 8 personnes

125 g de beurre
3/4 de bol de sucre
1 œuf
Extrait de vanille
375 g de farine à pâtisserie
1 sachet de levure
1 pincée de sel
1/4 de cuil. à soupe de cacao
125 ml de lait
1/4 de cuil. à café de bicarbonate de soude
60 ml d'eau très chaude
125 ml de chantilly
Sucre glace et fraises

1 Préchauffer le four à 180 °C. Beurrer 2 moules ronds de 20 cm. Tapisser de papier sulfurisé et beurrer.
2 Dans une jatte, battre le beurre en crème avec le sucre.

Gâteau chocolat de tous les jours (en haut), gâteau marbré miel et chocolat (recette page 9), gâteau chocolat blanc et poires (recette page 8).

cuillère, les pommes râpées et les noix de pécan concassées.

4 Verser dans le moule. Égaliser la surface avec la spatule.
Cuire 45 minutes.

5 Laisser reposer 10 minutes. Démouler sur une grille. Refroidir.

6 Mélanger le cacao et le sucre glace.
En saupoudrer le gâteau.

Gâteau au chocolat au lait

Préparation :
20 minutes
Temps de cuisson :
25 minutes
Pour 8 à 10 personnes

90 g de chocolat noir, en morceaux
125 g de beurre
1/2 bol de sucre
2 œufs
30 g de lait en poudre
200 g de farine à pâtisserie
1 sachet de levure
1 pincée de sel
125 ml d'eau

Glaçage
3/4 de bol de sucre glace
2 cuil. à soupe de lait en poudre
1 cuil. à soupe de cacao
1 cuil. à soupe d'eau chaude
20 g de beurre, ramolli

1 Préchauffer le four à 180 °C. Beurrer un moule rond de 23 cm. Tapisser de papier sulfurisé et beurrer.

2 Faire fondre le chocolat au bain-marie et tiédir.

3 Dans une jatte, battre le beurre en crème avec le sucre.
Ajouter les œufs, un à la fois, en battant entre chaque. Ajouter le chocolat fondu et bien mélanger.

4 Tamiser le lait en poudre, la farine, la levure et le sel.
Incorporer au mélange en ajoutant l'eau.

5 Verser dans le moule. Égaliser la surface avec la spatule.
Cuire 25 minutes.

6 Laisser reposer 10 minutes.
Démouler sur une grille.
Laisser refroidir.

7 Glaçage - Dans un bol, tamiser ensemble le sucre glace, le lait en poudre et le cacao.
Incorporer l'eau et le beurre, en battant, pour obtenir un glaçage lisse et crémeux.
Glacer le gâteau.

Gâteau chocolat et pommes (à gauche, recette page 9), gâteau au chocolat au lait.

Roulé suisse moka

Préparation :
35 minutes
Temps de cuisson :
8 à 10 minutes
Pour 8 personnes

Génoise
100 g de farine complète
2 cuil. à soupe de cacao
2 cuil. à soupe de café instantané
1 sachet de levure
1 pincée de sel
3 blancs d'œufs
1/2 bol de sucre glace
3 jaunes d'œufs, légèrement battus
2 cuil. à soupe de lait, très chaud

Garniture
250 ml de crème fleurette
1 cuil. à soupe de café instantané
1 cuil. à soupe de sucre glace
30 g de chocolat noir en copeaux
1/2 bol d'amandes effilées

1 Préchauffer le four à 220 °C. Beurrer une plaque de 30 x 25 x 2 cm. Tapisser de papier sulfurisé et beurrer.
2 Tamiser la farine, le cacao, le café, la levure et le sel.
3 Dans une jatte, fouetter les blancs d'œufs en neige.
4 Continuer de battre en ajoutant peu à peu le sucre, jusqu'à ce que les blancs soient fermes.
5 Ajouter les jaunes d'œufs légèrement battus dans les blancs tout en fouettant.
6 Incorporer délicatement les ingrédients secs à l'aide d'une spatule.
Ajouter le lait et mélanger.
7 Verser dans le moule. Égaliser le dessus avec la spatule.
Cuire 8 à 10 minutes.
8 Renverser le gâteau cuit sur un linge propre et humide.
Enlever le papier sulfurisé et, à l'aide du linge humide, rouler le gâteau rapidement.
Laisser refroidir.
9 Garniture - Fouetter la crème avec le café instantané et le sucre glace.
Incorporer la moitié du chocolat et toutes les amandes.
Dérouler le gâteau, étendre les 3/4 de la garniture et rouler de nouveau.
Déposer le gâteau sur un plat de service.
Décorer du reste de garniture et en utilisant des copeaux de chocolat ou autres.

Roulé suisse moka

Fouetter les blancs d'œufs en neige. Continuer de battre en ajoutant le sucre.

Incorporer délicatement les ingrédients secs. Verser le lait et mélanger.

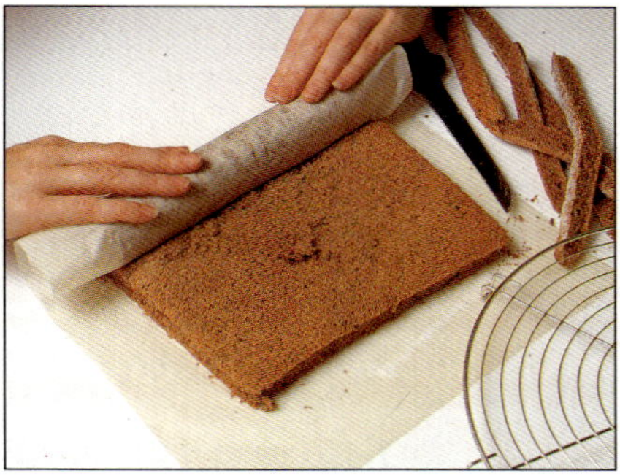

À l'aide d'un papier sulfurisé saupoudré de sucre glace, rouler le gâteau.

Dérouler le gâteau, étendre la garniture et rouler de nouveau.

Gâteau chocolat et gingembre

Préparation :
25 minutes
Temps de cuisson :
35 minutes
Pour 8 personnes

60 g de beurre
1/2 bol de sucre
2 œufs, légèrement battus
15 ml de sirop de sucre
1 bol de farine à pâtisserie
1 sachet de levure
1/2 cuil. à café de bicarbonate de soude
1 pincée de sel
2 cuil. à café de gingembre moulu
1/4 de bol de cacao
180 ml de lait

Glaçage
50 g de beurre
1/3 de bol de sucre glace
1 cuil. à soupe de cacao
1 cuil. à soupe de gingembre confit, coupé en lamelles

1 Préchauffer le four à 180 °C. Beurrer un moule rond de 23 cm. Tapisser de papier sulfurisé et beurrer.
2 Dans une jatte, battre le beurre en crème avec le sucre. Ajouter les œufs, un à la fois, en battant entre chaque. Verser le sirop de sucre et battre.
3 Tamiser la farine, la levure, le sel, le bicarbonate, le gingembre et le cacao. Incorporer délicatement au mélange de beurre, en alternance avec le lait.
4 Verser dans le moule. Égaliser le dessus avec la spatule. Cuire 30 minutes.
5 Laisser reposer 10 minutes. Démouler sur une grille. Laisser refroidir.
6 Glaçage - Dans un bol, battre le beurre en crème. Ajouter le sucre en battant vigoureusement, puis le cacao et la moitié du gingembre. Bien mélanger pour obtenir un glaçage crémeux. Glacer le tour et le dessus du gâteau. Décorer de lamelles de gingembre confit.

Conseil

Pour préparer les gâteaux et les glaçages, on a préféré le beurre pour la saveur qu'il donne aux gâteaux. La margarine, dans la plupart des recettes, demeure un bon substitut.
Lorsqu'une recette demande du beurre fondu, utilisez le micro-ondes quelques secondes pour faire fondre le beurre.
Pour permettre au gâteau de bien lever, il est important d'incorporer délicatement les ingrédients secs à la préparation, à l'aide d'une spatule.

Gâteau au beurre au chocolat

Préparation :
20 minutes
Temps de cuisson :
30 minutes
Pour 8 personnes

125 g de beurre
1/2 bol de sucre
2 œufs, légèrement battus
Extrait de vanille
1/2 bol de noix concassées
2 bols de farine à pâtisserie
1 sachet de levure
1 pincée de sel
2 cuil. à soupe de cacao
125 ml de lait

Glaçage
50 g de beurre
1/3 de bol de sucre glace
1 cuil. à soupe de cacao
Noix pour décorer

1 Préchauffer le four à 180 °C. Beurrer un moule carré de 20 cm. Tapisser

Gâteau au beurre au chocolat (à gauche), gâteau chocolat et gingembre.

de papier sulfurisé et beurrer.

2 Dans une jatte, battre le beurre en crème avec le sucre. Mettre les œufs, un à la fois, en battant entre chaque. Verser l'extrait de vanille et mélanger.

3 Ajouter les noix. Tamiser ensemble la farine, la levure, le sel et le cacao. Incorporer délicatement au mélange de beurre, en alternance avec le lait.

4 Verser dans le moule. Égaliser le dessus à la spatule. Cuire 30 minutes.

5 Laisser reposer 10 minutes. Démouler sur une grille. Refroidir.

6 Glaçage - Dans un bol, battre le beurre. Tamiser ensemble le sucre glace, le cacao et les ajouter peu à peu au beurre en battant pour obtenir un glaçage crémeux.
Glacer le dessus du gâteau. Décorer de noix.

Gâteau chocolat et cerises

Préparation :
30 minutes
Temps de cuisson :
30 minutes
Pour 10 à 12 personnes

3 bols de farine à pâtisserie
1 sachet de levure
1 pincée de sel
2 cuil. à soupe de cacao
1 bol de sucre
200 g de chocolat noir
375 ml de lait
3 œufs, légèrement battus
185 g de beurre, mou
1 boîte de cerises au sirop (425 g)

Glaçage au chocolat
3/4 de bol de sucre glace
80 ml d'eau
180 g de chocolat noir
125 g de beurre
1 cuil. à soupe de kirsch (facultatif)

1 Préchauffer le four à 180 °C. Beurrer 2 moules ronds de 23 cm. Tapisser de papier sulfurisé et beurrer.
2 Dans une jatte, tamiser la farine, la levure, le sel et le cacao. Ajouter le sucre.
3 Faire fondre le chocolat au bain-marie. Laisser tiédir.
4 Incorporer le lait et les œufs aux ingrédients secs et battre juste pour humecter les ingrédients. Ajouter le beurre et le chocolat fondu.
5 Battre 5 minutes jusqu'à ce que la pâte soit lisse et crémeuse. Incorporer les cerises. Mélanger.
6 Verser dans les moules. Égaliser la surface avec une spatule. Cuire 30 minutes.
7 Laisser reposer 10 minutes. Démouler sur une grille. Laisser refroidir.
8 Glaçage - Dans une petite casserole, mélanger le sucre et l'eau. Remuer à feu doux pour que le sucre fonde. Faire mijoter 5 minutes. Retirer le sirop du feu. Laisser refroidir. Faire fondre le chocolat au bain-marie. Dans un bol, battre le beurre en crème. Verser le sirop refroidi en un mince filet en battant continuellement. Ajouter le chocolat fondu et le kirsch. Battre jusqu'à ce que le glaçage soit lisse et brillant.
9 Couper chaque gâteau en 2 horizontalement. Tartiner de glaçage le dessus des gâteaux, puis les superposer. Glacer le pourtour du gâteau.

Gâteau triple chocolat

Préparation :
20 minutes
Temps de cuisson :
40 minutes
Pour 8 personnes

125 g de beurre, mou
2/3 de bol de sucre
1/2 bol de sucre glace
1 bol de farine à pâtisserie
1 sachet de levure
1 pincée de sel
1/2 bol de cacao
1 cuil. à café de bicarbonate de soude
2 œufs, légèrement battus
1 bol de lait
Extrait de vanille
1/3 de bol de grains de chocolat

Glaçage
2/3 de bol de grains de chocolat
30 g de beurre
1 bol de sucre glace
2 cuil. à soupe d'eau, très chaude

1 Préchauffer le four à 180 °C. Beurrer un moule carré de 20 cm. Tapisser de papier sulfurisé et beurrer.
2 Dans une jatte, battre le beurre en crème avec le sucre.
3 Tamiser ensemble la farine, la levure, le sel, le bicarbonate et

Gâteau chocolat et cerises (à gauche), gâteau triple chocolat.

le cacao. Incorporer au mélange de beurre, en alternance avec les œufs et le lait.

4 Ajouter l'extrait de vanille et les grains de chocolat, mélanger à la cuillère.

5 Verser dans le moule. Égaliser la surface à la spatule.
Cuire 40 minutes.

6 Laisser reposer 5 minutes.
Démouler sur une grille.
Laisser refroidir.

7 Glaçage - Faire fondre, au bain-marie, les grains de chocolat avec le beurre. Ajouter le sucre glace et battre jusqu'à ce que le glaçage soit épais. Verser suffisamment d'eau pour que le glaçage puisse s'étaler facilement.
Glacer le gâteau et décorer avec des billes en sucre argentées ou en couleurs.

NOTE

Le réfrigérateur est un endroit beaucoup trop froid et humide pour que le chocolat garde toute sa saveur.
Il se conserve plusieurs mois, bien enveloppé, dans un endroit frais et aéré.

Gâteau chocolat et abricots

Préparation :
30 minutes
Temps de cuisson :
20 minutes
Pour 8 à 10 personnes

4 œufs
2/3 de bol de sucre
2/3 de bol de farine à pâtisserie
2 cuil. à soupe de cacao
100 g de beurre, fondu

Crème aux abricots
200 g d'abricots secs
400 ml de crème de noix de coco

Garniture
125 ml de chantilly
2 cuil. à soupe d'amandes, grillées

1 Préchauffer le four à 180 °C. Beurrer 2 moules ronds de 20 cm. Tapisser de papier sulfurisé et beurrer.
2 Dans une jatte, fouetter les œufs en neige ferme.
3 Continuer de battre en ajoutant le sucre jusqu'à ce que la préparation soit jaune pâle et que tout le sucre soit dissous.
4 Tamiser la farine et le cacao ensemble. Incorporer au mélange précédent en alternance avec le beurre fondu.
5 Verser dans les deux moules.
Cuire 20 minutes.
Laisser reposer 5 minutes. Démouler sur une grille.
Faire refroidir.
6 Crème aux abricots - Dans une casserole, mélanger les abricots et la crème de noix de coco.
Laisser mijoter en remuant de temps à autre, jusqu'à ce que les abricots aient presque absorbé toute la crème.
Retirer du feu.
Au mixeur, réduire les abricots en purée.
Laisser refroidir.
7 Étendre la crème d'abricots sur un gâteau. Déposer dessus l'autre gâteau.
Étaler uniformément la crème fouettée sur le dessus du gâteau et saupoudrer d'amandes.

CONSEIL
Conservez les noix au frais et dans une boîte hermétique car, dès qu'il fait chaud, les noix ont tendance à rancir. Tous les fruits secs sont à garder à l'abri de l'air.

Gâteau chocolat et abricots (en haut), gâteau double chocolat (page 20).

Gâteau double chocolat

Préparation :
25 minutes
Temps de cuisson :
25 minutes
Pour 8 à 10 personnes

60 g de chocolat blanc, en morceaux
150 g de beurre
1/2 bol de sucre
2 œufs, légèrement battus
2/3 de bol de farine à pâtisserie
1 paquet de levure
1 pincée de sel
2 cuil. à soupe de cacao

Garniture au chocolat
100 g de chocolat noir, râpé
60 g de beurre
3/4 de bol de sucre glace

Glaçage
1/2 bol de sucre glace
1 cuil. à soupe de cacao

1 Préchauffer le four à 180 °C. Beurrer 2 moules ronds de 20 cm.
Tapisser de papier sulfurisé et beurrer.
2 Faire fondre le chocolat au bain-marie.
Laisser tiédir.
3 Dans une jatte, battre le beurre en crème avec le sucre.
Ajouter les œufs, un à la fois, en battant entre chaque.
Verser le chocolat fondu et battre pour bien mélanger.
4 Tamiser la farine, la levure, le sel et le cacao.
Incorporer au mélange de beurre et chocolat.
5 Verser dans les moules.
Égaliser la surface avec une spatule.
Cuire 25 minutes.
6 Laisser reposer 5 minutes.
Démouler sur une grille.
Laisser refroidir.
7 Garniture au chocolat - Faire fondre le chocolat au bain-marie.
Dans un bol, battre le beurre en crème.
Ajouter le sucre glace en battant vigoureusement.
Verser le chocolat fondu et bien battre pour homogénéiser.
8 Glaçage - Dans un bol, tamiser le sucre glace et le cacao.
Ajouter le lait et battre pour obtenir un glaçage lisse.
9 Étendre la garniture au chocolat sur le dessus d'un gâteau.
Y déposer l'autre gâteau.
Étendre uniformément le glaçage.
Décorer de copeaux de chocolat.

Gâteau chocolat et raisins

Préparation :
20 minutes
Temps de cuisson :
40 minutes
Pour 8 personnes

200 g de beurre
1 bol de sucre
2 œufs, légèrement battus
Extrait de vanille
2 cuil. à soupe de cognac ou de lait
1/2 bol de raisins secs
2 bols de farine à pâtisserie
1 sachet de levure
1 pincée de sel
1/3 de bol de cacao
250 ml de lait

Glaçage
60 ml de crème fraîche
90 g de chocolat noir

1 Préchauffer le four à 180 °C.
Beurrer un moule carré de 23 cm. Tapisser de papier sulfurisé et beurrer.
2 Dans une jatte, battre le beurre en crème avec le sucre.
Ajouter les œufs, un à la fois, en battant entre chaque.

Gâteau chocolat et raisins (en haut), gâteau chocolat et noix de pécan (recette page 23), papillons au chocolat (recette page 22).

Incorporer la farine à la préparation en alternance avec le lait.

Verser la pâte dans les moules à muffins, beurrés ou tapissés de papier sulfurisé.

Verser l'extrait de vanille, le cognac et les raisins. Bien mélanger.
3 Tamiser ensemble la farine, la levure, le sel et le cacao.
Incorporer à la préparation précédente, en alternance avec le lait. Bien mélanger.
4 Verser dans le moule. Égaliser la surface avec une spatule.
Cuire 40 minutes.
5 Laisser reposer 10 minutes.
Démouler sur une grille. Laisser refroidir.
6 Glaçage -
Dans une casserole, faire chauffer la crème, puis le chocolat haché. Remuer à feu doux pour obtenir un glaçage lisse. Glacer le gâteau.

CONSEIL
Mettre le chocolat au réfrigérateur 30 minutes avant de le râper.

Papillons au chocolat

Préparation :
20 minutes
Temps de cuisson :
10 minutes
Pour 32 petits gâteaux

125 g de beurre
1/2 bol de sucre
2 œufs
Extrait de vanille
100 g de chocolat noir, râpé
2 bols de farine à pâtisserie
1 sachet de levure
1 pincée de sel
125 ml de lait

Garniture au chocolat
250 ml de chantilly
1 cuil. à soupe de cacao
1 cuil. à soupe de sucre glace

1 Préchauffer le four à 180 °C. Beurrer des moules à muffins ou les tapisser de papier sulfurisé.
2 Dans une jatte, battre le beurre en crème avec le sucre. Ajouter les œufs, un à la fois, en battant entre chaque. Verser l'extrait de vanille et le chocolat râpé. Bien mélanger.
3 Tamiser la farine, la levure et le sel.
Incorporer à la préparation précédente, en alternance avec le lait.
4 À l'aide d'une cuillère, verser dans les moules à muffins.
Cuire 10 minutes.
5 Laisser reposer 5 minutes. Démouler sur une grille.
6 Découper une calotte sur le dessus de chaque gâteau refroidi, en coupant à une profondeur de 2 cm pour les farcir. Couper les calottes en 2 pour faire les ailes des papillons.
7 Garniture - Mélanger le

Découper une calotte sur le dessus de chaque gâteau pour pouvoir les farcir.

Couper les calottes en deux pour former les ailes des papillons.

cacao et le sucre glace à la chantilly. Farcir chaque gâteau et placer les ailes. Saupoudrer de sucre glace et de cacao.

Gâteau chocolat et noix de pécan

Préparation :
25 minutes
Temps de cuisson :
35 minutes
Pour 8 personnes

100 g de beurre
1/3 de bol de sucre
Extrait de vanille
3 œufs, séparés
1 bol de farine à pâtisserie
1 sachet de levure
1 pincée de sel
160 ml de lait
1/4 de bol de grains de chocolat
1/4 de bol de noix de pécan, concassées
Sucre glace

1 Préchauffer le four à 180 °C. Beurrer un moule rond de 23 cm. Tapisser de papier sulfurisé et beurrer.
2 Dans une jatte, battre le beurre en crème avec le sucre. Ajouter l'extrait de vanille et les jaunes d'œufs, légèrement battus.
Bien mélanger.
3 Tamiser la farine, la levure et le sel ensemble. Incorporer à la préparation précédente, en alternance avec le lait. Battre 1 minute, jusqu'à ce que la préparation soit lisse.
4 Dans un bol, fouetter les blancs d'œufs en neige. Les incorporer à la pâte. Bien mélanger.
5 Verser la moitié de la pâte dans le moule. Ajouter les grains de chocolat et les noix de pécan.
Mettre le reste de la pâte dans le moule.
Cuire 35 minutes.
6 Faire reposer 10 minutes.
Démouler sur une grille. Laisser refroidir.
Pour décorer, faire tomber une pluie de sucre glace sur une dentelle de papier.

NOTE

On distingue 3 variétés de chocolat : noir, au lait et blanc. Le chocolat blanc n'est pas un véritable chocolat puisqu'il ne contient pas de pâte de cacao. Sa couleur blanche vient du beurre de cacao. Pour faire un effet décoratif très simple, jouez sur les contrastes en décorant un gâteau au glaçage foncé avec du chocolat blanc.

Gâteaux simples et rapides

Vous trouverez dans ce chapitre des mariages de saveurs exquis : orange et chocolat, café et chocolat, ou encore banane et chocolat. Comment résister à un gâteau fondant au chocolat ou à un gâteau choco-orange ? Ce n'est pas facile !
Toutes les recettes de ce chapitre, de même que les autres recettes du livre, ont été faites avec de la farine à pâtisserie, une farine beaucoup plus fine que la farine ordinaire. Elle donne moins de grumeaux et permet des gâteaux plus légers.

Fondant chocolat

Préparation :
15 minutes
Temps de cuisson :
1 heure 30
Pour 8 à 10 personnes

1 bol de farine à pâtisserie
1 sachet de levure
1 pincée de sel
1/3 de bol de cacao
1 bol de sucre
200 g de beurre
250 g de chocolat noir
3 œufs
80 ml d'eau, très chaude

Glaçage
200 g de chocolat noir
100 g de beurre
2 cuil. à soupe de crème fraîche

1 Préchauffer le four à 160 °C. Beurrer un moule rond de 23 cm. Tapisser de papier sulfurisé et beurrer.
2 Dans une jatte, tamiser la farine, la levure, le sel et le cacao.
Faire un puits au centre.

Fondant chocolat (en haut), gâteau au chocolat blanc citronné (recette page 26).

3 Dans une casserole, mélanger le sucre, le beurre, le chocolat et l'eau.
Remuer à feu doux jusqu'à ce que le mélange soit lisse et homogène.
Retirer du feu.
4 Verser la préparation au chocolat et les œufs au centre des ingrédients secs.
Incorporer avec une cuillère en bois jusqu'à ce que les ingrédients soient mélangés.
Éviter de trop tourner.
5 Verser dans le moule.
Cuire 1 heure 30.
6 Laisser reposer 20 minutes.
Démouler sur une grille.
Refroidir.
7 Glaçage - Mélanger le chocolat, le beurre et la crème au bain-marie.
Remuer jusqu'à ce que le chocolat et le beurre soient fondus.
Retirer du feu.
Laisser refroidir.
Glacer le gâteau.

CONSERVATION DU CHOCOLAT
Il se conserve près d'un an, bien enveloppé, dans un endroit frais et sec.

Gâteau au chocolat blanc citronné

Préparation :
25 minutes
Temps de cuisson :
35 minutes
Pour 10 personnes

150 g de chocolat blanc
250 g de beurre
3/4 de bol de sucre
3 œufs
1 jus et 1 zeste râpé de citron
2 bols de farine à pâtisserie
1 sachet de levure
1 pincée de sel
60 ml de lait

Glaçage
1 jus de citron
1/2 bol de sucre glace
1 cuil. à soupe de beurre
60 g de chocolat blanc

1 Préchauffer le four à 180 °C. Beurrer un moule rectangulaire de 30 x 20 cm. Tapisser de papier sulfurisé et beurrer.
2 Au bain-marie, faire fondre le chocolat.
Laisser refroidir.
3 Dans une jatte, battre le beurre en crème avec le sucre.
Ajouter les œufs, un à la fois, en battant entre chaque.
Verser le chocolat fondu, le zeste et le jus de citron.
Bien mélanger.
4 Tamiser ensemble la farine, la levure et le sel.
Incorporer au mélange de chocolat, en alternance avec le lait.
Battre pour obtenir une pâte lisse.
5 Verser dans le moule.
Égaliser la surface avec une spatule.
Cuire 35 minutes.
6 Laisser reposer 10 minutes.
Démouler sur une grille.
Laisser refroidir.
7 Glaçage - Dans un bol, mélanger le jus de citron, le sucre glace et le beurre.
Glacer le dessus du gâteau.
8 Au bain-marie, faire fondre le chocolat.
Décorer le dessus du gâteau glacé avec le chocolat, en faisant un motif tressé.

CONSEIL
Pour faire fondre le chocolat au four à micro-ondes, déposez le chocolat dans un récipient en verre quelques secondes seulement.
Remuez-le et surveillez-le pour l'empêcher de cuire.

Gâteau chocolat et café

Préparation :
20 minutes
Temps de cuisson :
20 minutes
Pour 8 à 10 personnes

250 g de beurre, mou
1 bol de sucre
4 œufs
2 bols de farine à pâtisserie
1 sachet de levure
1 pincée de sel
1/2 bol de cacao

Sirop
1 cuil. à soupe de sucre
2 cuil. à café de café instantané
3 cuil. à soupe d'eau bouillante
3 cuil. à soupe de cognac

Garniture
250 ml de chantilly
Biscuits secs au chocolat

1 Préchauffer le four à 180 °C. Beurrer et fariner un moule à savarin de 20 cm. Le secouer pour éliminer le surplus de farine.
2 Dans une jatte, battre le beurre en crème avec le sucre.
Ajouter les œufs, un à la fois, en battant entre chaque.

Gâteau au chocolat et au café

3 Tamiser ensemble la farine, la levure, le sel et le cacao.
Incorporer au mélange de beurre.
4 Verser dans le moule.
Égaliser la surface avec une spatule.
Cuire 20 minutes.
5 Laisser reposer 5 minutes.
Démouler sur une grille.
Verser le sirop sur le gâteau pendant qu'il est encore chaud.
6 Sirop - Dissoudre le sucre et le café instantané dans l'eau bouillante.
Ajouter le cognac.
7 Garniture - Garnir tout le gâteau de chantilly et utiliser une poche ou une seringue avec un embout en forme d'étoile pour décorer le dessus du gâteau.
Garnir de biscuits secs au chocolat.
Conserver le gâteau au réfrigérateur jusqu'au moment de servir.

Conseil
Il faut être attentif lorsque l'on fait fondre du chocolat. Trop de chaleur ou une goutte d'eau suffisent à le faire durcir et à le rendre granuleux.

Gâteau au chocolat noir

Préparation :
25 minutes
Temps de cuisson :
55 minutes
Pour 8 personnes

1 bol de sucre
2 œufs
Extrait de vanille
2 bols de farine à pâtisserie
1 sachet de levure
1 pincée de sel
2/3 de bol de cacao
1 cuil. à café de bicarbonate de soude
1 cuil. à café de café instantané
180 ml d'eau
180 ml de lait
60 ml d'huile

Glaçage
200 g de chocolat noir
160 ml de crème fleurette
30 g de beurre
Copeaux de chocolat

1 Préchauffer le four à 180 °C. Beurrer et fariner un moule à savarin de 20 cm.
2 Dans une jatte, battre le sucre et les œufs jusqu'à ce que le mélange soit épais et crémeux. Ajouter l'extrait de vanille.
3 Tamiser ensemble la farine, la levure, le sel, le cacao, le bicarbonate et le café instantané. Mélanger l'eau, le lait et l'huile. Incorporer les ingrédients secs au mélange d'œufs, en alternance avec les liquides. Battre pour rendre le mélange lisse et homogène.
4 Verser dans le moule. Cuire 55 minutes.
5 Laisser reposer 20 minutes. Démouler sur une grille. Refroidir.
6 Glaçage - Mélanger le chocolat, la crème et le beurre au bain-marie. Remuer jusqu'à ce que le glaçage soit lisse. Glacer le gâteau. Garnir de copeaux de chocolat.

> **NOTE**
> Un bon chocolat est brillant, lisse, sans tache, croquant sous la dent.

L'Imbattable

Préparation :
15 minutes
Temps de cuisson :
35 minutes
Pour 8 à 10 personnes

1 *bol de farine à pâtisserie*
2/3 de bol de cacao
1 bol de sucre
1 cuil. à café de bicarbonate de soude
2 œufs, légèrement battus
250 ml de lait
125 g de beurre
Extrait de vanille

Garniture
300 ml de chantilly
Cacao
Sucre glace
Copeaux de chocolat

1 Préchauffer le four à 180 °C.
Beurrer et fariner un moule à savarin de 23 cm.
2 Dans une jatte mélanger la farine et le cacao.
Ajouter le sucre et le bicarbonate.
Faire un puits au centre.
3 Mélanger les œufs, le lait, le beurre et la vanille et battre 30 secondes doucement. Verser au centre des ingrédients secs.
4 Battre 3 minutes jusqu'à ce que le mélange soit lisse et crémeux.
5 Verser dans le moule. Cuire 35 minutes.
6 Laisser reposer 5 minutes. Démouler sur une grille.
Laisser refroidir.
Ajouter le cacao et le sucre à la chantilly, en napper le gâteau.
Décorer de copeaux de chocolat râpé.

Gâteau au chocolat noir (en haut), L'Imbattable (en bas).

Gâteau choco-orange

Préparation :
20 minutes
Temps de cuisson :
35 minutes
Pour 8 personnes

125 g de beurre
1/2 bol de sucre
2 œufs
1 zeste d'orange, râpé
2 bols de farine à pâtisserie
1 sachet de levure
1/2 bol de crème fraîche
1 pincée de sel
1/3 de bol de cacao
1/3 de bol de jus d'orange

Glaçage
100 g de chocolat
50 g de beurre, mou
1/4 de bol de sucre glace

1 Préchauffer le four à 180 °C. Beurrer un moule rond de 23 cm. Tapisser de papier sulfurisé et beurrer.
2 Dans une jatte, battre le beurre en crème avec le sucre. Ajouter les œufs, un à la fois, en battant entre chaque. Incorporer le zeste d'orange et la crème.
4 Tamiser farine, levure et sel. Incorporer au mélange de beurre et crème, en alternance avec le jus d'orange.
5 Verser dans le moule. Égaliser le dessus à la spatule. Cuire 45 à 50 minutes.
6 Laisser reposer 10 minutes. Démouler sur une grille et refroidir.
7 Glaçage -
Au bain-marie, faire fondre le chocolat. Dans un bol, battre le beurre en crème. Ajouter le sucre en battant. Verser le chocolat fondu. Bien mélanger et glacer le gâteau.

Brownie aux amandes

Préparation :
15 minutes
Temps de cuisson :
25 minutes
Pour 8 à 10 personnes

100 g de chocolat noir
2/3 de bol de farine à pâtisserie
1 pincée de sel
1 sachet de levure
2 cuil. à soupe de cacao
1/2 bol de sucre
2 œufs
2 cuil. à soupe de crème fleurette
90 g de beurre, fondu
1/2 bol d'amandes effilées

Gâteau choco-orange (en haut), brownie aux amandes.

1 Préchauffer le four à 170 °C. Beurrer un moule rond à fond amovible de 20 cm. Tapisser de papier sulfurisé et beurrer.
2 Au bain-marie, faire fondre le chocolat. Laisser tiédir.
3 Mélanger ensemble la farine, la levure, le cacao et le sel.
Ajouter le sucre puis, tout en battant, les œufs, la crème et le beurre fondu.
4 Verser dans le moule. Égaliser la surface à la spatule.
Saupoudrer d'amandes. Faire cuire 25 minutes.
5 Laisser reposer 10 minutes.
Démouler sur une grille. Servir, accompagné de chantilly.

NOTE
Une barre de chocolat fournit entre 200 et 300 calories.
Le chocolat renferme surtout des matières grasses et du sucre, un peu de protéines, de vitamines et de minéraux (fer, potassium, phosphore).

Gâteau chocolat et bananes

Préparation :
15 minutes
Temps de cuisson :
30 minutes
Pour 12 à 16 personnes

2 bols de farine à pâtisserie
1 sachet de levure
1 pincée de sel
1/4 de bol de cacao
1 bol de sucre
2 œufs
180 ml d'eau bouillante
Extrait de vanille
2 bananes, écrasées

Glaçage
100 g de fromage blanc
1/2 bol de sucre glace
1 cuil. à soupe de lait, chaud
1 cuil. à soupe de cacao

1 Préchauffer le four à 180 °C.
Beurrer 2 moules à cake de 21 x 11 cm.
Tapisser de papier sulfurisé et beurrer.
2 Dans un récipient, tamiser ensemble la farine, la levure, le sel et le cacao.
Mélanger le sucre.
Ajouter les œufs, l'eau bouillante, l'extrait de vanille et les bananes.
Battre jusqu'à ce que la préparation soit lisse.
3 Verser dans les 2 moules. Égaliser la surface avec une spatule. Cuire 30 minutes.
4 Laisser reposer 10 minutes, puis refroidir. Démouler sur une grille.
5 Glaçage - Dans un bol, battre le fromage en crème. Ajouter le sucre glace en battant pour obtenir un glaçage crémeux.
Verser le lait et le cacao. Bien mélanger. Glacer les gâteaux.

Gâteau au yaourt au chocolat

Préparation :
15 minutes
Temps de cuisson :
50 minutes
Pour 8 à 10 personnes

1 1/2 bol de farine à pâtisserie
1 sachet de levure
1 pincée de sel
1/2 bol de cacao
1 bol de sucre
200 ml de yaourt nature
2 œufs
200 g de beurre, fondu

Glaçage
50 g de chocolat noir
50 g de beurre
1/2 bol de sucre glace
2 cuil. à soupe de yaourt

Gâteau au yaourt au chocolat (à gauche), gâteau chocolat et bananes.

1 Préchauffer le four à 180 °C. Beurrer un moule rond de 23 cm. Tapisser de papier sulfurisé et beurrer.

2 Tamiser la farine, la levure, le sel et le cacao ensemble, puis le sucre. Ajouter, en battant, le yaourt, les œufs et le beurre fondu.

3 Verser dans le moule. Égaliser la surface avec une spatule. Faire cuire 50 minutes.

4 Laisser reposer 10 minutes et refroidir. Démouler sur une grille.

5 Glaçage -
Faire fondre le chocolat au bain-marie.
Laisser tiédir.
Dans le bol du mixeur, battre le beurre en crème avec le sucre glace jusqu'à ce que le mélange soit lisse et crémeux.
Ajouter le chocolat fondu et le yaourt, battre pour obtenir un glaçage lisse. Étendre uniformément sur le gâteau.

Pour le fondant à la confiture, tamiser farine, levure, sel et cacao.

Dans une petite poêle, mélanger le beurre, le sucre, l'eau et la confiture.

Fondant à la confiture

Préparation :
15 minutes
Temps de cuisson :
35 minutes
Pour 8 personnes

1 bol de farine à pâtisserie
1 sachet de levure
1 pincée de sel
1/4 de bol de cacao
100 g de beurre
2/3 de bol de sucre
1/3 de bol de confiture
80 ml d'eau chaude
2 œufs, légèrement battus
1 cuil. à soupe de confiture
Chantilly pour décorer

1 Préchauffer le four à 180 °C. Beurrer un moule rond de 23 cm. Tapisser de papier sulfurisé et beurrer.
2 Dans une jatte, tamiser la farine, la levure, le sel et le cacao.
Faire un puits au centre.
3 Dans une casserole, mélanger le beurre, le sucre, la confiture et l'eau.
Cuire à feu doux, en remuant, jusqu'à ce que le mélange soit lisse.
4 Verser le mélange de beurre et les œufs au centre des ingrédients secs. Mélanger avec une cuillère en bois.
5 Verser dans le moule. Égaliser la surface avec une spatule.
Cuire 35 minutes.
6 Laisser reposer 15 minutes. Démouler sur une grille.
7 Dans une casserole ou au micro-ondes, chauffer la confiture et en badigeonner le gâteau.
Décorer de chantilly.

Fondant à la confiture

Verser le mélange de beurre et les œufs au centre des ingrédients secs.

Badigeonner le gâteau de confiture chaude, avec un pinceau.

Gâteaux divins pour faire la fête

Chocolat… Un mot évocateur qui éveille subtilement toutes les papilles gustatives ! Dans ce chapitre, on trouve des desserts au chocolat exceptionnels pour fêter un anniversaire ou pour célébrer un événement. Certaines recettes demandent plus de travail, mais les efforts sont vite récompensés par les compliments des invités.
Impossible pour un mordu du chocolat de résister au Forêt-Noire aux amandes ou à la mousse au chocolat.

Gâteau chocolat et amandes

Préparation :
20 minutes
Temps de cuisson :
1 heure 20
Pour 8 personnes

125 g de chocolat au lait
60 ml d'eau très chaude
4 œufs, séparés
Extrait d'amande
180 g de beurre
1 1/2 bol de cassonade
1 1/3 bol de farine à pâtisserie
1 sachet de levure
1 pincée de sel
2 cuil. à soupe de cacao
2 cuil. à soupe de poudre d'amandes
3 cuil. à soupe de lait

Garniture
185 g de chocolat au lait
125 ml de chantilly
12 amandes enrobées de chocolat
Cacao
60 g de chocolat au lait, râpé

1 Préchauffer le four à 180 °C. Beurrer un moule rond à fond amovible de 20 cm. Tapisser de papier sulfurisé et beurrer.
2 Au bain-marie, mélanger le chocolat et

Gâteau mousse au chocolat (en bas, recette page 38), gâteau chocolat et amandes.

Pour le gâteau mousse au chocolat, secouer le moule pour enlever l'excès de farine.

Fouetter les œufs jusqu'à ce que ce qu'ils soient épais. Tout en battant, ajouter le sucre.

l'eau chaude, en remuant, jusqu'à ce que le chocolat soit fondu. Laisser tiédir.
Tout en fouettant, ajouter les jaunes d'œufs et l'extrait d'amande.
3 Dans une jatte, battre le beurre en crème avec la cassonade, en versant le mélange de chocolat refroidi.
Tamiser ensemble la farine, la levure, le sel et le cacao. Ajouter la poudre d'amandes et incorporer le tout au mélange précédent, en alternance avec le lait.
4 Dans un bol, fouetter les blancs d'œufs en neige. Les incorporer au mélange.
5 Verser dans le moule. Égaliser la surface avec une spatule.
Cuire 40 minutes. Réduire la température du four à 160 °C et poursuivre la cuisson 40 minutes. Laisser reposer 5 minutes.
Démouler sur une grille et laisser refroidir.
Couper le gâteau horizontalement en 3 morceaux.
6 Garniture - Faire fondre le chocolat au bain-marie.
Retirer du feu et ajouter la crème.
7 Mélanger un peu de cette garniture avec la chantilly.
8 Étendre uniformément la moitié de ce mélange sur un étage du gâteau.
Déposer un autre étage et étendre le reste du mélange de chantilly.
Terminer avec le dernier étage de gâteau et couvrir uniformément le dessus et les côtés avec la garniture au chocolat.
Déposer les amandes enrobées de chocolat sur le gâteau.
Décorer : cacao sur le dessus du gâteau et chocolat râpé sur les côtés.

Gâteau mousse au chocolat

Préparation :
30 minutes
Temps de cuisson :
20 minutes
Pour 8 personnes

1/3 de bol de farine à pâtisserie
2 cuil. à soupe de cacao
2 œufs
1/3 de bol de sucre
50 g de chocolat noir, râpé
50 g de beurre, fondu

Mousse au chocolat
1 cuil. à soupe d'eau froide
150 g de chocolat noir
60 ml d'eau
2 cuil. à soupe de sucre
2 jaunes d'œufs
1 cuil. à café de beurre, fondu

Faire fondre le chocolat au bain-marie, en remuant.

Pour la mousse, incorporer les jaunes d'œufs et le beurre au chocolat.

2 cuil. à café de crème de cacao
1/2 cuil. à café de gélatine pâtissière
180 ml de chantilly

Décoration
60 g de chocolat blanc
60 g de chocolat noir

1 Préchauffer le four à 180 °C. Beurrer et fariner un moule rond de 23 cm à fond amovible.
2 Tamiser la farine et le cacao. Dans une jatte, fouetter les œufs jusqu'à ce qu'ils soient épais. Tout en battant, ajouter le sucre.
3 Faire fondre le chocolat au bain-marie, en remuant. Incorporer délicatement le chocolat fondu, le beurre fondu et les ingrédients secs au mélange d'œufs et de sucre.
4 Étendre la préparation uniformément dans le moule.
Cuire 20 minutes.
Laisser reposer 5 minutes. Démouler sur une grille. Laisser refroidir.
5 Mousse - Mélanger le chocolat, l'eau et le sucre au bain-marie.
Laisser fondre en remuant.
Verser dans une jatte. Tout en fouettant, incorporer les jaunes d'œufs et le beurre. Continuer de battre jusqu'à ce le mélange soit épais et double de volume.
Incorporer la chantilly et la crème de cacao.
Dissoudre la gélatine dans un peu d'eau et l'ajouter à la mousse.
6 Étendre la mousse uniformément sur le gâteau.
Mettre au réfrigérateur jusqu'à ce que le mélange prenne.
Faire fondre le chocolat blanc et le chocolat noir séparément au bain-marie et en décorer le dessus du gâteau.

Forêt-Noire aux amandes

Préparation :
40 minutes
Temps de cuisson :
35 minutes
Pour 8 à 10 personnes

90 g de chocolat noir
125 g de beurre
300 g de sucre
2 œufs
500 g de farine à pâtisserie
1 sachet de levure
1 pincée de sel
250 ml de lait
Extrait d'amande

Garniture
500 ml de chantilly
1 boîte de cerises au sirop, dénoyautées
30 g de chocolat noir
30 ml de kirsch
1/2 bol d'amandes effilées
Copeaux de chocolat

Forêt-Noire aux amandes (recette page 39)

1 Préchauffer le four à 180 °C. Beurrer un moule profond et rond de 23 cm. Tapisser de papier sulfurisé et beurrer.
2 Faire fondre le chocolat au bain-marie. Laisser tiédir.
3 Dans une jatte, battre le beurre en crème avec le sucre. Ajouter les œufs, un à la fois, en battant entre chaque. Incorporer le chocolat fondu refroidi.
4 Tamiser ensemble la farine, la levure et le sel. Ajouter l'extrait d'amande au lait. Incorporer les ingrédients secs au mélange de beurre et chocolat, en alternance avec le lait.
5 Verser dans le moule. Égaliser le dessus à la spatule.
Cuire 35 minutes.
6 Laisser reposer 10 minutes. Démouler sur une grille. Laisser refroidir.
7 Couper le gâteau horizontalement en 3 étages.
Déposer le premier dans un plat de service.
8 Diviser la crème fouettée en 2 portions. Égoutter les cerises et les incorporer dans une portion de crème. Étendre uniformément la moitié de la crème aux cerises sur le premier étage du gâteau. Saupoudrer de chocolat râpé.
9 Recouvrir avec le deuxième étage de gâteau. Arroser le gâteau de kirsch. Étendre le reste de la crème sur les cerises. Déposer le dernier étage de gâteau. Couvrir le dessus et les côtés avec la chantilly. Disposer les amandes. Décorer le dessus avec des copeaux de chocolat.

Roulé chocolaté aux fruits

Préparation :
30 minutes
Temps de cuisson :
15 minutes
Pour 8 à 10 personnes

Roulé chocolaté aux fruits

60 g de chocolat noir
4 œufs
3/4 de bol de sucre
Extrait de vanille
1/2 bol de farine à pâtisserie
1 sachet de levure
1 pincée de sel
2 cuil. à soupe d'eau froide
Sucre glace

Garniture
250 ml de chantilly
250 g de framboises fraîches

1 Préchauffer le four à 200 °C. Beurrer une plaque à pâtisserie de 30 x 25 cm. Tapisser de papier sulfurisé et beurrer.

2 Faire fondre le chocolat au bain-marie. Laisser tiédir.

3 Dans une jatte, battre les œufs jusqu'à ce qu'ils soient épais.
Tout en battant, ajouter le sucre et l'extrait de vanille.
Tamiser la farine, la levure et le sel ensemble.
Incorporer au mélange précédent.

4 Ajouter au chocolat refroidi et mélanger pour obtenir un mélange lisse. Incorporer à la pâte.
Étendre la préparation sur la plaque. Égaliser la surface avec une spatule.
Cuire 10 à 15 minutes.
Renverser le gâteau cuit sur un linge humide.
Enlever le papier sulfurisé et, à l'aide du linge humide, rouler le gâteau rapidement.
Laisser refroidir.
Dérouler le gâteau.

5 Fouetter la crème.
Étendre sur le gâteau et déposer les framboises.
Rouler de nouveau.
Couper les extrémités en biais. Saupoudrer de sucre glace.

NOTE
Maintenez les gâteaux au chocolat à température ambiante, recouverts d'un papier d'aluminium. Ainsi, ils ne perdront rien de leur saveur.

Gâteau aux deux chocolats

Préparation :
45 minutes
Temps de cuisson :
45 à 50 minutes
Pour 8 à 10 personnes

Gâteau chocolat noir
3/4 de bol de farine à pâtisserie
1 sachet de levure
1 pincée de sel
2 cuil. à soupe de cacao
125 g de beurre, en morceaux
125 g de chocolat noir
1 bol de sucre
125 ml d'eau chaude
2 cuil. à café de café instantané
2 cuil. à soupe de cognac
1 œuf, légèrement battu

Gâteau chocolat blanc
3/4 de bol de farine à pâtisserie
1 sachet de levure
1 pincée de sel
125 g de chocolat blanc
125 g de beurre, en morceaux
3/4 de bol de sucre
125 ml d'eau chaude
2 cuil. à soupe de cognac
1 œuf, légèrement battu

Glaçage chocolat blanc
125 g de chocolat blanc
250 ml de chantilly
Copeaux de chocolat et fruits frais

1 Préchauffer le four à 160 °C.
Beurrer 2 moules ronds de 20 cm.
Tapisser de papier sulfurisé et beurrer.

Gâteau aux deux chocolats

Gâteau chocolat noir

1 Dans une jatte, tamiser la farine, la levure, le sel et le cacao. Faire un puits au centre. Mélanger au bain-marie le beurre, le chocolat, le sucre, l'eau chaude et le café, en remuant jusqu'à ce que le mélange soit lisse et homogène. Laisser tiédir et ajouter le cognac.
2 Déposer la préparation de chocolat et l'œuf au centre des ingrédients secs. Mélanger délicatement avec une cuillère en bois. Verser dans l'un des moules.

Gâteau chocolat blanc

1 Dans une jatte, tamiser la farine, la levure et le sel. Faire un puits au centre. Mélanger, au bain-marie, le beurre, le chocolat, le sucre et l'eau chaude en remuant jusqu'à ce que le mélange soit lisse et homogène.
Retirer du feu.
Laisser tiédir et ajouter le cognac.
2 Déposer la préparation de chocolat blanc et l'œuf au centre des ingrédients secs.
Mélanger délicatement à la cuillère en bois.
Verser dans l'autre moule.
3 Cuire les gâteaux environ 50 minutes.
Laisser reposer 10 minutes.
Démouler sur une grille.

Glaçage chocolat blanc

1 Faire fondre le chocolat blanc au bain-marie. Laisser tiédir. Ajouter la crème en battant continuellement.
2 Pour assembler le gâteau, déposer la moitié du glaçage entre les 2 étages de gâteau et utiliser l'autre moitié pour glacer le gâteau. Décorer avec des copeaux de chocolat et des fruits frais.

Tourte à la ganache

Tourte à la ganache

Préparation :
30 minutes
Temps de cuisson :
20 minutes
+ temps de réfrigération
Pour 8 personnes

1 bol de biscuits, émiettés
100 g de noix de pécan, concassées
1 cuil. à soupe de cassonade
1 cuil. à soupe de noix de coco râpée
1 pincée de cannelle
90 g de beurre, fondu

Ganache
500 g de chocolat noir
1 œuf, légèrement battu
180 ml de crème fraîche

Crème
60 g de beurre
1/2 bol de cassonade
1/3 de bol de crème fleurette

1 Préchauffer le four à 160 °C. Beurrer un moule à tarte de 20 cm à fond amovible.
2 Dans une jatte, mélanger tous les ingrédients secs, puis le beurre. Remuer avec une cuillère en bois et bien mélanger.
Déposer la préparation uniformément sur le fond et les côtés du moule.
3 Cuire 20 minutes. Laisser reposer 10 minutes cette préparation avant de la démouler.
4 Ganache - Faire fondre au bain-marie le chocolat et le beurre ensemble. Incorporer la crème en battant à la cuillère en bois jusqu'à ce que le mélange devienne onctueux. Verser dans la préparation. Réfrigérer.
5 Crème - Dans une casserole, faire fondre le beurre à feu doux. Ajouter la cassonade et remuer jusqu'à ce que la cassonade soit dissoute. Retirer du feu. Verser la crème et remuer à la cuillère en bois pour bien mélanger. Laisser refroidir.
6 Présenter la tourte avec la crème et garnir de chantilly.

NOTE
Le chocolat à cuire peut être remplacé par du chocolat amer, qui contient davantage de cacao. Le goût du gâteau sera encore meilleur.

Couronne chocolat-cannelle

Préparation :
30 minutes
Temps de cuisson :
1 heure
Pour 8 personnes

150 g de chocolat noir
250 ml d'eau bouillante
2 cuil. à café de café instantané
250 g de beurre, mou
1 bol de sucre
3 œufs
2 bols de farine à pâtisserie
1 sachet de levure
1 pincée de sel
2 cuil. à café de cannelle
2/3 de bol de crème fraîche
Feuilles de chocolat
Sucre glace et chantilly

1 Préchauffer le four à 180 °C. Beurrer et fariner un moule à savarin de 20 cm.

2 Mélanger au bain-marie le chocolat, l'eau bouillante et le café instantané.
Remuer jusqu'à ce que le mélange fonde.

3 Dans une jatte, battre le beurre en crème avec sucre.
Ajouter les œufs, un à la fois, en battant entre chaque.

4 Verser la préparation au chocolat et battre pour mélanger.
Tamiser ensemble la farine, la levure, le sel et la cannelle.
Incorporer au mélange précédent, en alternance avec la crème.
Bien mélanger.

5 Verser dans le moule. Égaliser. Cuire 1 heure.

6 Laisser reposer 10 minutes.
Démouler sur une grille. Laisser refroidir.
Saupoudrer de sucre glace et garnir de feuilles de chocolat (voir préparation page 4).
Accompagner de chantilly.

NOTE

Manger du chocolat est un véritable plaisir, un remède contre la déprime et les petites faims. Mais comme tous les aliments sucrés, il risque, si l'on en abuse, de faire grossir.
Il faut donc le consommer avec modération : sachez que 100 grammes de chocolat correspondent à 500 calories !

Couronne chocolat-cannelle

NOTE
Les copeaux de chocolat qui décorent un gâteau doivent être râpés le plus finement possible. Pour que le chocolat ne colle pas, l'étaler lorsqu'il est chaud sur une feuille de papier sulfurisé.

Sublime chocolat et noix de pécan

Préparation :
40 minutes
Temps de cuisson :
30 minutes
Pour 8 à 10 personnes

1 bol de farine à pâtisserie
1 sachet de levure
1 pincée de sel
4 cuil. à soupe de cacao
3/4 de bol de cassonade
1/4 de bol de noix de pécan, concassées
2 œufs, séparés
125 ml d'huile
125 ml de lait
Extrait de vanille
2 cuil. à soupe de rhum
125 ml de chantilly
60 g de chocolat noir
15 g de beurre

Glaçage
125 g de beurre
1 bol de sucre glace
Extrait de vanille
1 cuil. à soupe de lait
1 cuil. à soupe de cacao
1 cuil. à soupe d'eau
Noix de pécan

1 Préchauffer le four à 180 °C. Beurrer le fond de 2 moules ronds de 20 cm. Tapisser de papier sulfurisé et beurrer.
2 Dans un grand récipient, tamiser la farine, la levure, le sel et le cacao. Incorporer la cassonade et les noix de pécan.
3 Battre ensemble les jaunes d'œufs, l'huile, le lait et l'extrait de vanille. Incorporer aux ingrédients secs.
4 Fouetter la préparation jusqu'à ce que le mélange soit lisse et crémeux.
5 Dans un bol, monter les blancs d'œufs en neige. Les incorporer à la pâte.
6 Verser également dans les 2 moules. Cuire 25 minutes. Laisser reposer 10 minutes. Démouler sur une grille.
7 Couper chaque gâteau en 2, horizontalement. Verser le rhum entre les deux parties du gâteau. Étaler uniformément un tiers de la chantilly sur le premier étage du gâteau. Continuer à superposer de la même façon : les autres étages de gâteau et le reste de la chantilly, en terminant par 1 étage de gâteau.
8 Faire fondre au bain-marie le chocolat et le beurre.
Étaler uniformément sur le dessus du gâteau. Laisser refroidir pour que le mélange prenne bien.
9 Glaçage - Dans un bol, battre le beurre, le sucre et l'extrait de vanille ensemble jusqu'à ce que la consistance soit légère et crémeuse.
Tout en battant, ajouter le lait. Battre jusqu'à ce que le glaçage soit lisse. En garder la moitié pour la décoration.
10 Dans un bol, mélanger le cacao et l'eau pour faire une pâte lisse. Incorporer la pâte de cacao, en battant, à la moitié du glaçage.
Étendre uniformément sur le gâteau à l'aide d'une spatule trempée dans l'eau chaude.
Glacer le dessus du gâteau.
Décorer de noix de pécan.

NOTE
Pour les gâteaux, utilisez des tablettes de chocolat comprenant au moins 50 % de cacao : chocolat pâtissier à cuire, amer, bitter, ou noir.

Sublime chocolat et noix de pécan

Friandises au chocolat

Pour le café ou le goûter, ces carrés et ces bouchées peuvent se manger en toutes circonstances.
Joliment présentées dans une boîte ou un panier, les friandises au chocolat sont des cadeaux très appréciés.
Les jeunes vont non seulement se régaler, mais ils auront aussi beaucoup de plaisir à les préparer. Fromage à la crème, noix et dattes ne sont que quelques-uns des délicieux ingrédients qui composent les carrés. Tant qu'à mettre la main à la pâte, autant réaliser en même temps plusieurs recettes ; on a ainsi le choix pour satisfaire sa gourmandise…

Carrés chocolat et noisettes

Préparation :
20 minutes
Temps de cuisson :
25 minutes
Pour 16 carrés

1 bol de farine à pâtisserie
1 sachet de levure
1 pincée de sel
2 cuil. à soupe de cacao
1/3 de bol de sucre
1/2 bol de noisettes
1/2 bol de chocolat blanc
160 g de beurre, fondu
100 ml de lait
2 œufs, légèrement battus

Glaçage
100 g de chocolat noir
100 ml de crème fraîche

1 Préchauffer le four à 180 °C.
Beurrer l'intérieur d'un moule carré de 20 cm.
Tapisser de papier sulfurisé et beurrer.

Carrés chocolat et noisettes (en haut), carrés marbrés au chocolat (au centre, recette page 50), bouchées chocolat-fromage (recette page 51).

Pour préparer les carrés marbrés au chocolat, presser la pâte dans le moule.

Mixer le fromage, la crème, les œufs, l'extrait de vanille et le sucre.

2 Dans un grand récipient, tamiser la farine, la levure, le sel et le cacao. Ajouter le sucre, les noisettes et le chocolat râpé.
3 Verser le beurre, le lait et les œufs au centre des ingrédients secs. Mélanger.
4 Étendre la préparation dans le moule. Égaliser la surface avec une spatule. Cuire 25 minutes.
5 Laisser reposer 10 minutes. Démouler sur une grille.
6 Glaçage - Mélanger au bain-marie le chocolat et la crème. Cuire à feu doux, en remuant, jusqu'à ce que le glaçage soit lisse.
Laisser refroidir, napper le dessus du gâteau. Couper en carrés.

VARIANTE
Remplacez les noisettes par des noix du Brésil ou de pécan.

Carrés marbrés au chocolat

Préparation :
30 minutes
Temps de cuisson :
50 minutes
Pour 16 carrés

1 bol de farine à pâtisserie
2 cuil. à soupe de préparation pour crème anglaise
1/4 de bol de sucre
125 g de beurre

Garniture
250 g de fromage blanc
1/4 de bol de crème fraîche
2 œufs
Extrait de vanille
1/4 de bol de sucre
100 g de chocolat au lait

1 Préchauffer le four à 180 °C. Beurrer un moule carré de 20 cm. Tapisser de papier sulfurisé et beurrer.
2 Mélanger au mixeur la farine, la préparation pour crème anglaise et le sucre, puis le beurre.
3 Répartir uniformément dans le moule. Presser délicatement avec les mains pour former un fond. Cuire 15 minutes.
4 Mélanger au mixeur le fromage, la crème, les œufs, l'extrait de vanille et le sucre pour obtenir une préparation lisse.
5 Faire fondre le chocolat au bain-marie. Laisser tiédir.
6 Étendre la préparation de fromage sur la pâte, puis verser le chocolat en filet par-dessus. Pour avoir un effet marbré, promener une brochette en zigzag dans le moule.
7 Remettre au four 35 minutes. Laisser refroidir dans le moule. Démouler et couper en 16 carrés. Servir froid.

Incorporer la préparation de fromage à la pâte.

Verser le chocolat en filet sur la préparation, dessiner avec la pointe d'une brochette.

Bouchées chocolat-fromage

Préparation :
25 minutes
Temps de cuisson :
40 à 50 minutes
Pour 16 bouchées

1 bol de farine à pâtisserie
1 sachet de levure
1 pincée de sel
1/4 de bol de cacao
1/2 bol de sucre
1 œuf, légèrement battu
125 g de beurre, fondu
250 g de ricotta
2 œufs
1/3 de bol de sucre
2 cuil. à soupe de farine à pâtisserie
80 ml de lait
Miel
Extrait de vanille

1 Préchauffer le four à 180 °C.
Beurrer un moule carré de 23 cm.
Tapisser de papier sulfurisé et beurrer.
2 Dans un grand récipient, tamiser la farine, la levure, le sel et le cacao.
Faire un puits au centre.
3 Ajouter l'œuf et le beurre fondu au centre des ingrédients secs.
Mélanger à la cuillère en bois sans trop remuer.
4 Verser dans le moule.
Égaliser la surface avec les doigts.
5 Au mixeur, réduire en purée la ricotta, les œufs, le sucre, la farine, le lait, le miel et l'extrait de vanille.
6 Verser sur la pâte.
Cuire 50 minutes.
7 Laisser refroidir dans le moule.
Couper en 16 triangles et servir froid.

Délices chocolat et fruits de la Passion

Préparation :
30 minutes
Pour 14 délices

200 g de biscuits au chocolat, réduits en chapelure
100 g de beurre, fondu

Mousse
160 ml d'eau
1/4 de bol de sucre
3 cuil. à soupe de gélatine pâtissière
2 cuil. à soupe de pulpe de fruits de la Passion

Décoration
50 g de chocolat blanc
50 g de chocolat noir

1 Beurrer un moule rond à fond amovible de 20 cm.
2 Mélanger la chapelure

de biscuits et le beurre fondu.
Presser dans le moule. Réfrigérer, couvert, pour que ce soit ferme.
3 Dans une casserole, mélanger l'eau, la gélatine et le sucre. Cuire à feu doux, en remuant, jusqu'à ce que le sucre soit fondu. Laisser mijoter 5 minutes. Retirer du feu.
4 Verser dans une jatte. Fouetter le mélange au-dessus d'un bol d'eau glacée jusqu'à ce que la préparation soit blanche, crémeuse, et double de volume. Incorporer la pulpe de fruits de la Passion.
5 Étaler sur la pâte. Réfrigérer 20 minutes jusqu'à ce que le mélange soit ferme.
6 Faire fondre le chocolat blanc et le noir séparément, au bain-marie.
À l'aide d'une poche à décorer, verser les chocolats fondus.
Couper en 14 triangles et servir.

Note
La crème anglaise instantanée se trouve généralement au rayon crèmerie, avec les entremets.

Carrés chocolat et rhum

Préparation :
15 minutes
Temps de cuisson :
30 minutes
Pour 16 carrés

125 g de chocolat noir
125 g de beurre
180 g de farine à pâtisserie
1 sachet de levure
1 pincée de sel
2 œufs
200 g de cassonade
30 ml de rhum
125 g de chocolat noir pour napper

1 Préchauffer le four à 180 °C. Beurrer un moule 20 cm. Tapisser de papier sulfurisé et beurrer.
2 Faire fondre au bain-marie le chocolat et le beurre ensemble. Laisser tiédir.
3 Tamiser la farine, la levure et le sel.
4 Dans un bol, battre les œufs avec la cassonade. Ajouter le mélange de chocolat froid et le rhum en continuant de battre. Incorporer le mélange de farine.
5 Verser dans le moule. Cuire de 25 à 30 minutes. Les temps de cuisson sont approximatifs et peuvent varier d'un four à l'autre.
6 Laisser reposer 10 minutes. Démouler sur une grille. Laisser refroidir.
7 Faire fondre le chocolat au bain-marie. Laisser tiédir.
8 Étendre le chocolat uniformément sur le gâteau à l'aide d'une spatule. Réfrigérer jusqu'à ce qu'il soit ferme. Couper le gâteau en 4 carrés, puis chaque carré encore en 4.

Cacao
Le cacao en poudre, naturel, sans sucre, a été utilisé dans plusieurs recettes à la place du chocolat.
Il est plus économique et se travaille plus facilement : il suffit de le mélanger aux ingrédients secs.
Il faut toujours avoir du cacao sous la main pour préparer gâteaux, glaçages et chocolats chauds.
On conserve le cacao très bien dans une boîte en métal, hermétique, à l'abri de l'air et de la chaleur.

Délices chocolat et fruits de la Passion (recette page 51), carrés chocolat et rhum (en bas).

Pour les friandises aux dattes, mélanger farine, levure, sel, dattes, noix et zeste de citron.

En fouettant, incorporer l'œuf dans la préparation de beurre et de cacao.

Friandises aux dattes

Préparation :
25 minutes
Temps de cuisson :
30 minutes
Pour 20 friandises

1 bol de farine à pâtisserie
1 sachet de levure
1 pincée de sel
1/2 bol de dattes, hachées
1/2 bol de noix
1 zeste de citron, râpé
125 g de beurre
1 bol de cassonade
2 cuil. à soupe de cacao
2 cuil. à soupe de sirop de sucre
1 œuf, légèrement battu
60 g de chocolat noir

1 Préchauffer le four à 180 °C. Beurrer un moule rectangulaire de 20 x 30 cm. Tapisser de papier sulfurisé et beurrer.
2 Dans une jatte, tamiser ensemble la farine, la levure et le sel. Ajouter les dattes, les noix et le zeste de citron.
Faire un puits au centre.
3 Dans une casserole, mélanger le beurre, la cassonade, le cacao et le sirop de sucre. Cuire à feu doux, en remuant, jusqu'à ce que le mélange soit lisse et homogène.
Retirer du feu. Laisser légèrement refroidir et incorporer l'œuf en fouettant.
4 Placer la préparation au centre des ingrédients secs, mélanger.
5 Verser dans le moule. Égaliser la surface. Cuire 25 à 30 minutes.
6 Faire fondre le chocolat au bain-marie.
7 Le verser sur les friandises. Quand elles sont froides, les couper en 20 rectangles.

Triangles glacés (au centre), friandises aux dattes.

Triangles glacés

Préparation :
15 minutes
Temps de cuisson :
35 minutes
Pour 20 triangles

100 g de chocolat noir
1 bol de sucre
1 bol de farine à pâtisserie
1/4 de bol de cacao
3 œufs
180 ml de crème fraîche
150 g de beurre, fondu

Ajouter la préparation de beurre et de cacao au centre des ingrédients secs. Bien mélanger.

Verser dans le moule. Égaliser la surface avec une spatule.

Glaçage
100 g de chocolat au lait
2 cuil. à soupe de crème fraîche

1 Préchauffer le four à 170 °C. Beurrer un moule rectangulaire de 20 x 30 cm. Tapisser de papier sulfurisé et beurrer.
2 Faire fondre le chocolat au bain-marie. Laisser tiédir.
3 Au robot, mélanger le sucre, la farine, le cacao, les œufs, la crème et le beurre fondu pour que le mélange soit lisse, homogène.
Ajouter le chocolat.
4 Verser dans le moule. Égaliser la surface avec une spatule.
Cuire 35 minutes.
5 Laisser reposer 10 minutes. Démouler sur une grille. Refroidir.
6 Glaçage - Faire fondre le chocolat avec la crème au bain-marie, en remuant. Laisser tiédir. Étendre uniformément sur le gâteau.
Couper le gâteau en 10 carrés, puis couper chaque carré en 2 pour obtenir des triangles.

Carrés chocolat et noix de pécan

Préparation :
25 minutes
Temps de cuisson :
25 minutes
Pour 16 carrés

1 bol de farine à pâtisserie
1/3 de bol de noix de pécan
1/4 de bol de sucre
90 g de beurre
60 ml de sirop de sucre
100 g de chocolat noir
2 œufs, légèrement battus

Glaçage
100 g de chocolat noir
60 ml de crème fraîche
16 noix de pécan

1 Préchauffer le four à 180 °C.
Beurrer un moule carré de 20 cm.
Tapisser de papier sulfurisé et beurrer.
2 Tamiser la farine, les noix de pécan et le sucre.
Creuser un puits au centre.
3 Dans une casserole, faire fondre ensemble le beurre, le sirop de sucre et le chocolat en remuant. Retirer du feu. Tout en fouettant, incorporer les œufs.
4 Ajouter le mélange de beurre et chocolat au centre des ingrédients secs. Mélanger à la cuillère en bois, légèrement.
5 Verser dans le moule. Cuire 25 minutes.
6 Laisser reposer 10 minutes.
Démouler sur une grille. Faire refroidir.
7 Glaçage -
Dans une casserole, faire fondre le chocolat avec la crème à feu doux en remuant constamment. Retirer du feu.
Laisser légèrement refroidir.
Étendre uniformément sur le gâteau.
Couper en 16 carrés et garnir chaque carré d'une noix de pécan.

Divines bouchées

Préparation :
20 minutes
Temps de cuisson :
25 minutes
Pour 16 bouchées

125 g de beurre
1/3 de bol de sucre
2 œufs
1 bol de farine à pâtisserie
1 sachet de levure
1 pincée de sel
1 cuil. à soupe de cacao
60 ml de lait

Divines bouchées (à gauche), carrés chocolat et noix de pécan.

Glaçage
50 g de chocolat noir
100 g de fromage blanc
1 cuil. à soupe de miel

1 Préchauffer le four à 180 °C. Beurrer un moule carré de 20 cm. Tapisser de papier sulfurisé et beurrer.
2 Dans un récipient, battre le beurre en crème avec le sucre. Ajouter les œufs, un à la fois, en battant entre chaque.
3 Tamiser ensemble la farine, la levure, le sel et le cacao. Les incorporer au mélange de beurre, en alternance avec le lait.
4 Verser dans le moule. Égaliser la surface. Cuire 25 minutes.
5 Laisser reposer 10 minutes. Démouler sur une grille. Refroidir.
6 Glaçage - Faire fondre le chocolat au bain-marie. Laisser tiédir.
7 Dans un bol, battre le fromage en crème. Tout en battant, ajouter le miel et le chocolat fondu pour obtenir un glaçage lisse et crémeux. Glacer le gâteau. Couper en 8 carrés, puis chaque carré en deux pour former 16 triangles.

Rectangles chocolat et noix

Préparation :
20 minutes
+ temps de réfrigération
Pour 20 rectangles

200 g de biscuits au chocolat, réduits en chapelure
100 g de beurre, fondu
125 ml de lait concentré
90 g de beurre
150 g de chocolat noir
1/4 de bol de noix, râpées
1/4 de bol de noisettes, râpées
1/4 de bol d'amandes, râpées
1/4 de bol de noix de pécan, râpées
1/4 de bol de noix du Brésil, râpées

1 Beurrer un moule long de 30 x 20 cm.
2 Mélanger la chapelure de biscuits et le beurre fondu.
Presser délicatement dans le moule.
Réfrigérer

Rectangles chocolat et caramel croquant (en haut à droite), rectangles chocolat et noix (en bas), bouchées croquantes au chocolat.

3 Dans une casserole, mélanger le lait concentré, le beurre et le chocolat.
Cuire à feu doux, en remuant, jusqu'à consistance lisse.
Beurrer un moule carré de 20 cm.
Ajouter les noix râpées et brasser pour bien mélanger.
Toutes les combinaisons sont bonnes... Variétés de noix et de fruits secs !
4 Étendre uniformément sur la pâte et réfrigérer.
Couper en 20 rectangles.

Bouchées croquantes au chocolat

Préparation :
20 minutes
Temps de cuisson :
25 minutes
Pour 12 à 16 bouchées

100 g de beurre
1/4 de bol de sucre
1 œuf, légèrement battu
Extrait de vanille
1 bol de farine à pâtisserie
1 sachet de levure
1 pincée de sel
2 cuil. à soupe de cacao
125 ml de lait concentré
1/2 bol de cassonade
1/3 de bol de noix

1 Préchauffer le four à 180 °C.
Tapisser un moule carré de 20 cm de papier sulfurisé et le beurrer.
2 Dans un récipient, battre le beurre en crème avec le sucre.
En remuant, ajouter l'œuf et l'extrait de vanille.
3 Tamiser la farine, la levure, le sel et le cacao.
Incorporer au mélange de beurre.
4 Étendre uniformément dans le moule.
5 Dans un bol, mélanger le lait concentré, la cassonade et les noix.
Verser dans le moule.
Cuire 25 minutes.
6 Laisser reposer 10 minutes.
Démouler sur une grille.
Refroidir.
Couper en 12 ou 16 rectangles.

NOTE
En Amérique centrale, les Aztèques préparaient une boisson corsée avec les graines d'une plante. On était encore bien loin de la barre de chocolat. C'est Christophe Colomb qui ramena des fèves de cacaoyer en Europe.

Rectangles chocolat et caramel croquant

Préparation :
30 minutes
Temps de cuisson :
25 minutes
Pour 12 rectangles

1/4 de bol de cacao
125 g de beurre
1 bol de farine à pâtisserie
1 sachet de levure
1 pincée de sel
1/2 bol de sucre
Extrait de vanille

Caramel
1 cuil. à café de beurre
125 ml de lait concentré
1 cuil. à soupe de sirop de sucre

Caramel croquant
1/2 bol de sucre
75 g de noix, râpées

1 Préchauffer le four à 180 °C. Beurrer un moule carré de 20 cm.
Tapisser de papier sulfurisé et le beurrer.
2 Tamiser farine, levure, sel et cacao. Ajouter le sucre. Faire un puits au centre, ajouter le beurre et bien mélanger.
3 Étendre la préparation dans le moule, égaliser.
Cuire 25 minutes.
4 Laisser reposer 10 minutes. Démouler sur une grille. Refroidir.
5 Caramel - Mettre le

beurre, le sirop et le lait concentré dans une casserole. Laisser tiédir en remuant, pour obtenir un mélange onctueux. Retirer du feu. Refroidir. Napper la préparation sur la pâte.
6 Caramel croquant - Dans une casserole, dissoudre le sucre à feu doux jusqu'à ce qu'il atteigne une couleur dorée. Retirer du feu. Incorporer les noix. Verser la préparation sur une plaque recouverte de papier d'aluminium beurré. Laisser prendre le caramel. Déposer le caramel croquant dans un sac plastique et l'écraser avec un rouleau à pâtisserie. Saupoudrer le gâteau avec ce caramel. Couper en 12 rectangles.

Carrés chocolat et noix de coco

Carrés chocolat et noix de coco

Préparation :
20 minutes
Temps de cuisson :
20 minutes
Pour 16 carrés

2 bols de farine à pâtisserie
1 sachet de levure
1 pincée de sel
2 cuil. à soupe de cacao
1 bol de noix de coco râpée
1 bol de sucre
1/2 bol de noix
180 g de beurre
Extrait de vanille
1 cuil. à soupe de sirop de sucre

Glaçage
30 g de beurre, mou
2 bols de sucre glace
2 cuil. à soupe de cacao
Extrait de vanille
30 ml d'eau bouillante

1 Préchauffer le four à 180 °C. Beurrer un moule rectangulaire de 20 x 30 cm. Tapisser de papier sulfurisé et beurrer.
2 Dans un récipient, tamiser la farine, la levure, le sel et le cacao puis la noix de coco, le sucre et les noix. Faire un puits au centre.
3 Dans une petite casserole, mélanger le beurre, l'extrait de vanille et le sirop de sucre. Cuire à feu doux, en remuant, jusqu'à ce que le beurre soit fondu.
4 Ajouter le mélange de beurre au centre des ingrédients secs.
5 Presser dans le moule. Cuire 20 minutes.
6 Glaçage - Battre le beurre en crème, en ajoutant peu à peu le sucre glace, le cacao et l'extrait de vanille. Allonger d'eau très chaude, selon la consistance désirée. Étendre uniformément sur le gâteau refroidi. Couper en 16 carrés.

Carrés chocolat et muesli

Préparation :
15 minutes
Temps de cuisson :
25 minutes
Pour 16 carrés

3/4 de bol de muesli (céréales, noix et fruits secs mélangés)
1 bol de farine à pâtisserie
1 sachet de levure
1 pincée de sel
2 cuil. à soupe de cacao
125 g de beurre
1 cuil. à soupe de sirop de sucre
1 cuil. à soupe de cassonade
2 œufs, légèrement battus
60 ml de lait
60 g de chocolat noir

1 Préchauffer le four à 180 °C. Beurrer un moule carré de 20 cm. Tapisser de papier sulfurisé et beurrer.
2 Dans une jatte, déposer le muesli. Tamiser ensemble la farine, la levure, le sel et le cacao. Les ajouter au muesli et faire un puits au centre.
3 Dans une casserole, mélanger le beurre, le sirop de sucre et la cassonade. Cuire à feu doux, en remuant, jusqu'à ce que la consistance soit lisse.
4 Verser au centre des ingrédients secs avec les œufs et le lait. Mélanger à la cuillère en bois.
5 Étendre dans le moule. Égaliser la surface. Cuire 25 minutes. Laisser refroidir.
6 Au bain-marie, faire fondre le chocolat et l'étendre uniformément dans le moule.
7 Laisser refroidir et couper en 16 carrés.

Carrés chocolat et fruits confits

Préparation :
20 minutes
Temps de cuisson :
30 minutes
Pour 36 carrés

300 g d'amandes effilées, grillées
300 g de noix
300 g de fruits confits (cerises, écorces d'orange, abricots, ananas, etc.)
Cacao
150 g de farine à pâtisserie
150 g de sucre
250 ml de miel

Glaçage
Cacao
Sucre glace
Eau chaude
Beurre
Noix de coco râpée

1 Préchauffer le four à 160 °C. Beurrer un moule carré de 30 cm.
2 Mélanger les amandes, les noix, les fruits confits, le cacao et la farine.
3 Dans une petite casserole, chauffer le sucre et le miel jusqu'à ce que le mélange atteigne 100 °C. Verser immédiatement sur le mélange de fruits et de noix, bien remuer.
4 Déposer dans le moule. Humecter les mains et presser le mélange pour l'égaliser.
5 Cuire 30 minutes. Laisser refroidir 15 minutes. Démouler sur une grille. Laisser refroidir complètement.
6 Glaçage - Dans un bol, tamiser le cacao et le sucre glace ensemble. Tout en battant, ajouter l'eau chaude et le beurre ramolli. Étendre le glaçage uniformément dans le moule.
7 Saupoudrer de noix de coco râpée. Couper en 36 carrés, servir frais.

Carrés chocolat et fruits confits (à gauche), carrés chocolat et muesli.

Index